Red Riding Hood

J. & W. Grimm

GOGAKU SHUNJUSHA

This book is published in Japan
by Gogaku Shunjusha Co., Inc.
2-9-10 Misaki-cho, Chiyoda-ku
Tokyo

First published 2001
© Gogaku Shunjusha Co., Inc.
Printed in Japan. All rights reserved.

はしがき

　言語の学習にはテレビ，ビデオよりもラジオ，CDの方がはるかに適している。それは音だけが唯一のコミュニケーションの手段だからだ。耳の働きは鋭敏となり，英語リスニング力はそのぶん確実に上達する。理論的にも証明されている。
　アメリカで制作されたこの『イングリッシュ・トレジャリー（英語の宝箱）』は，その点リスニングの究極の教材といえるだろう。
　英米の名作が放送ドラマ形式でできているので，登場人物のセリフがまるで目の前でしゃべっているように聞こえてくる。しかも，効果音が実によくできているので，胸に迫るような臨場感がある。たとえ一瞬たりともリスナーの耳を離さない。
　しかも，ドラマの出演者は，アメリカ・ハリウッド黄金時代を飾ったスターたちだ。人のしゃべる言葉とはこんなに魅力あるものかと，あらためて感動する。生きた言葉とはまさにこれを指すのだろう。
　『イングリッシュ・トレジャリー』のよさは，またその構成のうまさにある。物語の進行に伴う場面ごとにナレーションが入って，その背景を説明してくれるので，リスナーの耳を瞬時にその場面に引き込んでくれる。しかも，放送ドラマだからサウンドトラックと違ってクリアーな音がたえず流れてくる。会話によどみがない。
　名作をたのしむというステキな環境の中で，総合的な語学学習ができるところに，この教材のすばらしい利点が見出せよう。
　「リスニング力」はもちろん，物語の中でこそ最もよく覚えられる「単語・会話表現」，そしてシャドウ（あとからついて言う）で身につく「スピーキング力」，英語シナリオ一本まるごと読むことでつく「読解力」と，まさに一石四鳥の「英語の宝箱」だ。
　どの作品を取り上げても文句なく楽しめる。

CONTENTS

はしがき …………………………………………… iii
シリーズの使用法 ………………………………… v
CD INDEX 一覧 …………………………………… vi
作家と作品 ………………………………………… vii
SCENE 1 …………………………………………… 1
SCENE 2 …………………………………………… 4
SCENE 3 …………………………………………… 7
SCENE 4 …………………………………………… 11
SCENE 5 …………………………………………… 14
SCENE 6 …………………………………………… 18
語句の解説 ………………………………………… 22

●シリーズの使用法

英検1級レベル
　英文シナリオを見ずにCDをひたすら聴く。第2ステージでは，聞き取れなかった部分や「これは」と思った慣用表現を英文シナリオでチェック。口頭でシャドウ（英語のセリフのあとを追いかけて，そのまま繰り返すこと）できるまで習熟したい。

英検2級～準1級レベル
　英文シナリオを片手に，CDを聴く。第2ステージでは，日本語訳・語句の解説を参照しながら，英文シナリオの完全理解を図るとともに，使える会話表現をどんどん身につける。第3ステージで，日本語訳を片手に，CDを聴く。シナリオなしにCDが聞き取れるようになれば卒業だ。

英検3級～準2級レベル
　日本語訳・語句の解説を参照しながら，まず英文シナリオを丁寧に読む。第2ステージでは，英文シナリオを片手にCDを聴こう。音声のスピードに慣れるまでは，物語の小まとまりで切って，そこを何度も聴きながら，学習を進めてください。CDだから，頭出しは自由自在です。会話表現や単語数もどんどん増やすチャンスです。
　第3ステージでは，日本語訳を片手に，CDに耳を傾ける。この頃には，耳も相当慣れてきて，リスニングにかなりの手応えを感じはじめているだろう。
　物語は，難易度表の「初級～中級レベル」表示の比較的易しめのものから入っていくことをお勧めする。

CD INDEX 一覧

	本文ページ	該当箇所	冒頭部分
1	1	**SCENE 1**	Yes, it was on her birthday …
2	4	**SCENE 2**	Now, Red Riding Hood's grandmother lived in …
3	7	**SCENE 3**	The birds and Hippety made Red Riding Hood's heart light …
4	11	**SCENE 4**	And so, Red Riding Hood wandered off among the trees, …
5	14	**SCENE 5**	The wolf was pleased with himself, …
6	18	**SCENE 6**	And sure enough! Coming up the path that …

(本CDは歴史的に貴重なオリジナル音源を使用しておりますので、一部お聴き苦しい箇所が含まれている場合がございますが、ご了承ください)

作家と作品

　本書には，有名なドイツの児童文学者グリム兄弟の「赤ずきん」が収められています。

　この物語の特徴は，「再話」であることです。再話とは，民族の伝える口承文学（民話・昔話など）を収集し，その地方的要素（方言・風習など）を洗い流し，一般の人にもわかるように語り直したものをいいます。したがって，本書には，たとえばゲルマン民族やチュートン民族の神話が流れこんでいるとみてよいわけで，その辺が，H.アンデルセンなどの創作童話と異質な点であるといえます。

　「赤ずきん」のお話の原型を近代的言語で確立したグリム兄弟（Jacob Grimm 1785-1863, Wilhelm Grimm 1786-1859）は，ドイツ民族の古い文化的遺産の発掘に興味をもち，民族の〈再話〉に努力し，その成果を「子供と家庭のメルヒェン」（第1巻：1812）にまとめました。「赤ずきん」はその一篇で，中世ドイツの深い森と農民と動物たちを背景にした一少女の冒険譚です。なお，本テキストの筋は原作と少し違いますが（たとえば原作では，赤ずきんは狼に食われ，木こりが彼女を救出する），大筋を損なわない限り，こうしたさまざまな脚色が可能なことが，民話を原型とする童話の活力でありましょう。

1

Narrator: Yes, it was on her birthday that it all began. I mean, when she was first called Red Riding Hood. And I'll tell you why. Her mother planned a very special party for her, inviting all her friends, her aunts and uncles, and cousins. Her grandmother had been invited too, but, unfortunately, she couldn't come, because she wasn't feeling well.

All kinds of games were played at the party. And everyone received a favor. Then came the best part of all. The birthday girl opened her presents. There was a new doll; there were doll clothes; there was a sewing kit; and a parasol, and lots of new games and toys and things to wear. And finally, there was one big box that was saved for the last.

It was from the birthday girl's grandmother. She opened it very carefully, and inside was a bright red velvet cape with a hood attached. And when she put it on, everyone said: "O...oh, a red riding hood!"

Indeed, it was a red riding hood; the kind of costume worn on very special occasions when one went riding in a carriage. But the little girl was so delighted with it that she wore it constantly. In fact she was never seen without it. And so everyone began to call her Red Riding Hood. One morning her mother called to her ... .

Mother: Red Riding Hood, Red Riding Hood, where are you, dear?

Red Riding Hood: Here I am, mother, here I am!

Moth: How would you like to visit granma today?

R.R.H.: Oh, I would love to, mother! I haven't seen her for such a long time.

Moth: Well, she's still sick, dear, but I've made her some nice broth and dumplings, and some fresh bread and jam. And I hope they make her strong again. Now, here they all are in this basket. Would you take them to her?

R.R.H.: Of course, mother! I'd love to!

Moth: Now, be careful in the woods, not to

	catch your pretty cape on a broken branch.
R.R.H.:	I will, mother!
Moth:	And don't loiter on the way, or the broth will get cold.
R.R.H.:	I won't, mother.
Moth:	And don't talk to strangers.
R.R.H.:	I won't.
Moth:	And don't run, or you might fall and break the bottle, and granma will have no broth.

R.R.H.:	I won't loiter, nor run, nor talk to strangers, mother! And I'll be careful not to tear my beautiful red riding hood. Now, may I go?
Moth:	Yes, dear! Give granma my love. But be sure to be back before sundown.
R.R.H.:	I will, mother. Good-bye, good-bye!

2

Nar: Now, Red Riding Hood's grandmother lived in a small cottage within a green forest, about a half hour away from the village. It was in a beautiful quiet spot off a little road, which was not much travelled on.

Red Riding Hood always loved to go there, because the house was charming, standing under huge oak trees, and there was much to explore in the neighborhood. And the cool of the forest was always refreshing. And, of course, she always loved to visit her grandmother, who couldn't do enough for her: she loved her so much!

So, little Red Riding Hood took her basket of good things, and started off for her grandmother's house with great anticipation and delight. She skipped and danced as she went on her way, and she sang to the birds, and they sang back to her.

R.R.H.: Sweet little birdies, ever so blue,
Sing to me sweetly as I sing to you!

Nar: Along the way she met other friends of hers who lived in the woods. And they were all glad to see her, and greeted her warmly. There was Hippety, the squirrel, ...

Hippety:	Hi, Red Riding Hood! Hi-yah!
R.R.H.:	Fine, thank you, Hippety! How are you?
Hip:	Okay dokay! Where are you going?
R.R.H.:	To my grandmother. She is sick.
Hip:	Oh, I'm sorry to hear that! Here ... take her this nut! Maybe it will make her feel better.
R.R.H.:	Oh, that's kind of you, Hippety! But I wouldn't want to take your food from you. You'll need it this winter.
Hip:	Uh, please take it, Red Riding Hood! If it helps make your granma strong, then it will be as if I had eaten it myself.
R.R.H.:	You mean that when you give something that helps somebody else, you'll help yourself too?
Hip:	Exactly! Giving makes you strong.
R.R.H.:	Oh, I see! Alright, Hippety, I'll take it to granma. Thank you very much. I'll see you on my way back.
Hip:	Okay dokay! See you later; give my best

R.R.H.: to granma!

I will, Hippety! You've already given your best. But I'll give it again. Good-bye!

3

Nar: The birds and Hippety made Red Riding Hood's heart light, and all the more loving. She skipped gaily down the road. Now, in another part of the forest there lived a large grey and elegant wolf, who was always hungry. And on this day in particular, he'd had nothing to eat for breakfast, except a bushel of blueberries, a barrel of chestnuts, and about five dozen mushrooms——so he was really starved!

As he was scrounging around in the forest, looking for something more to eat, he came around a blue spruce tree, and he found himself eye-to-eye with little Red Riding Hood. For a moment, to tell the truth, they were both frightened. But then Red Riding Hood, who was feeling quite full of love and friendliness today, forgot her mother's warning about not talking to strangers, and she walked toward him, and she said ... .

R.R.H.:	Good morning, Mr. Wolf!
Nar:	And the wolf, with great courtesy, said,
Wolf:	U-uh, good morning, Miss Red Riding Hood!
R.R.H.:	How did you know my name?
Wolf:	How? Why, because of the beautiful red riding hood you are wearing! Hm, how becoming it is, my d-e-a-r!
R.R.H.:	Thank you! My grandmother made it for me.
Wolf:	Oh, how kind she must be, my dear!
R.R.H.:	Yes, she is the kindest and the best granma in the whole world!
Wolf:	Oh, y-e-s!
R.R.H.:	But, alas! She's been sick, and I'm going to visit her.
Wolf:	Oh, how thoughtful you are, my dear! Where does she live?
R.R.H.:	About a quarter of a mile away. Her house stands under three big oak trees near a hedge of red-berry bushes.

Wolf: Oh, how cosy it sounds, my dear! How does one get in?

R.R.H.: Very simple! One just lifts the latch on the door.

Wolf: O-oh, how neat, my dear! Eh, what do you carry there in your basket, my dear?

R.R.H.: Hot broth and dumplings.

Wolf: Hot broth ... and dumplings, did you say?

R.R.H.: Yes, and freshly baked bread and jam.

Wolf: Uh, freshly baked bread and jam! Uha!

R.R.H.: And a nut Hippety, the squirrel, gave me. I hope it will all make granma strong again!

Wolf: Oh, how pleased she will be, my dear! Eh, do you have flowers for her too?

R.R.H.: Flowers? No, I never thought to bring any!

Wolf: Oh, how thoughtless of you, my dear! Yes, one cannot visit a sick person without bringing flowers.

R.R.H.:	But where will I get them?
Wolf:	Where? Oh, Red Riding Hood, how blind you are, my dear! Look around you, child! The woods are filled with wild flowers! Every kind and color! Why don't you gather some?
R.R.H.:	Oh, I think that's a lovely idea! But then ... .
Wolf:	But then... what, Red Riding Hood?
R.R.H.:	I promised my mother I wouldn't loiter.
Wolf:	Oh, how silly you are, my dear! One would hardly call gathering wild flowers for one's sick grandmother 'loitering.' Look, ... see that exquisite bluebell waving in the breeze?
R.R.H.:	Where? Oh, yes, I see it! It is indeed a beauty!
Wolf:	Hm.
R.R.H.:	And look at that anemony, and those morning glories! I'll gather a small bunch

Wolf: for granma.

Of course, my dear! How delighted she will be! Run along, my dear! And don't overlook those yellow daisies over there beneath that white birch.

Uh-uh! Look at her go deeper and deeper into the forest! She will be delayed by at least a half hour. Uh, just time enough for me to get to granma's first, and be the recipient of that, o-oh, hot broth and dumplings! That ... freshly baked bread and jam! Oh-oh-oh-oh, how clever I am! My dear! Ha, ha, ha, ha!

4

Nar: And so, Red Riding Hood wandered off among the trees, picking wild flowers. Each time she picked one, she always saw another prettier one farther on. So she went deeper, and deeper into the woods. And the crafty wolf turned on his heels, and sped toward grandmother's house.

He came upon the three big oak trees and the

hedge of red-berry bushes just as Red Riding Hood had described it all. And there stood the charming little house where her grandmother lived. The grey and elegant wolf smoothed down his ruffled fur, hid behind an oak tree, and began to scheme.

Wolf: Now, let me see! I've got to get granma out of there before Red Riding Hood comes, and become granma myself! How to do it without letting the old lady see me? He, he! I must be very shrewd.

Uh, uh! I've got it! I'll pretend I'm Red Riding Hood, and knock on the door. But then she'll answer it and see me! Uha, but if I knock on the back door, she'll go there; then I'll dash around to the front door, lift the latch, and go in! H-u-u-h! And while she looks for me, I'll jump into bed, and wait for my dinner to arrive! U-u-uh, how crafty I am, my dear! Ha, ha, ha!

Nar: So the wolf ran around to the back door and knocked.

Granma: Who is there?
Wolf: It's me, granma! Red Riding Hood.
Granma: Oh, well, come in, dearie! Come in, come in!
Wolf: I can't open the door, granma!
Granma: Why not, dearie?
Wolf: My arms are so full of flowers, and hot broth, and uh, dumplings, and fresh bread and jam, and the delicious nut...

Granma: Please open the door for me, granma!

O-oh, alright, dearie! I'm coming to open it for you.

Nar: In a flash the wolf sped around to the front door, lifted the latch, and ran in. He could see Red Riding Hood's grandmother walk out the back door, looking for her granddaughter. His plan was working! He could hear her calling, ...

Granma: Red Riding Hood, Red Riding Hood, where are you, dearie? Now, where could that child have gone?

Nar: And granma went off into the woods behind her house looking for Red Riding Hood.

Granma: Red Riding H-o-o-d!

5

Nar: The wolf was pleased with himself, very pleased with himself, indeed! He began to look around for some of granma's clothes to put on. He found a nightdress, and a nightcap, and a pair of specta-

cles. And he put them all on. And he drew all the curtains to make the room dark. And he popped into bed, pulling the patchwork quilt up to his chin, and he began to wait for Red Riding Hood to come.

It wasn't long before Red Riding Hood came skipping up the path to her grandmother's house. Her arms were full of wild flowers, and the basket of food. But she freed one hand to knock on the door.

Wolf: Who's there?
R.R.H.: It's Red Riding Hood, granma!

	Wolf:	Oh, dearie! How nice of you to come! I'm too weak to get up. So just lift the latch, and come in, dearie!
	R.R.H.:	Good morning, granma!
	Wolf:	Good morning, dearie!
	R.R.H.:	Why is it so dark in here?
	Wolf:	The light hurts my eyes.
	R.R.H.:	How are you feeling?
	Wolf:	Weak, dearie; weak as paper! I need food, dearie; I need it desperately. What have you there in the basket?
	R.R.H.:	Well, first, I brought you all these lovely flowers from the forest.
	Wolf:	Lovely, dearie, lovely! But you can't eat them! What's in the basket?
	R.R.H.:	But first, granma, let me put these in some water, and... .
	Wolf:	Oh, never mind the flowers, Red Riding Hood. What's in the basket?
	R.R.H.:	Food, granma! Here, let me show you. Mother made some broth and dump-

	lings... .
Wolf:	Broth and dumplings!
R.R.H.:	Fresh bread and jam... .
Wolf:	Fresh bread and jam!
R.R.H.:	Granma, how deep your voice is!
Wolf:	Deep? Well, I've had a bad cold, you know.
R.R.H.:	And what big ears you have!
Wolf:	Well, the better to hear you with, my dear!
R.R.H.:	Oh, granma, what big eyes you have!
Wolf:	The better to see you with, my dear!

R.R.H.:	But, granma, what big teeth you have!
Wolf:	The better to eat that broth and dumplings, bread and jam, and to crack that nut. Give them to me, my dear!
R.R.H.:	Why, you're not granma at all! You're the wolf I met this morning! You tricked me!
Wolf:	Give me the basket, I say, or I'll eat you up!
R.R.H.:	No, no, you can't have it! It's for my granma! Where is she? Granma! Granma, where are you?
Granma:	Here I am, Red Riding Hood, I'm coming! I'm coming!

6

Nar: And sure enough! Coming up the path that led to the back door of her house was Red Riding Hood's granma, and with her was a woodsman. The wolf ran to the window, took off the spectacles, and looked out. When he saw that the woodsman carried a hatchet, he spun around, and without even bothering to take off granma's nightdress and nightcap, he tore out the front door shouting....

Wolf: I'll have my breakfast elsewhere! Good-bye, my dear; good-bye!

Nar: Granma came in the back door, and Red Riding Hood ran into her arms. Oh, how happy she was to see her! And how overjoyed her grandmother was to hold her in her arms.

The poor old lady had been so worried! She'd asked the kind woodsman to help her look for her granddaughter. And not being able to find her, they'd returned to the house, and just in time. Red Riding Hood poured out her story to them, and she said....

R.R.H.: Mother warned me about speaking to strangers, but I forgot, granma!

Granma: Well, I hope you've learned your lesson, dearie?

Woodsman: Yes, indeed, little girl! You were very lucky that we came along when we did. But it doesn't always happen that way!

That grey wolf was a sly one, and will eat almost anything when he's hungry. But I don't think we will see him around here any more. And, little Red Riding Hood, I'm sure, you'll never talk to strangers again, eh?

R.R.H.: I never will, I promise! Look, granma, what I brought you. A whole basketful of goodies to make you strong! Although, I must say, you don't seem very sick to me.

Granma: No, dearie! I'm all well now. But I've got a mighty big appetite! Whatcha got there in the basket?

R.R.H.: Hot broth and dumplings; fresh bread mother baked this morning; jam, and a nut from Hippety, the squirrel.

Granma: How nice, how nice! Oh, the broth is cold, but we'll heat it up. Uh, Mr. Woodsman, I hope we can have you for lunch!

Wood: He, he, he, oh, oh,—— you sound like the other granma! I'm afraid, you can't have ME for lunch! But I'll be glad to stay and join you, if that's what you mean!

Granma: Oh, it certainly is! It most certainly is! Ha, ha, ha! Have HIM for lunch!

Wood: Ha, ha, ha!

Granma: Set the table, Red Riding Hood! We're going to have our friend, the Woodsman, for lunch.

THE END

語句の解説

page	line	

(1)

1	3	I'll tell you why. 「その理由をご説明しましょう」 このwhyは名詞でthe reasonの意。次の例も同じ用法。*Ex*. Tell me the *how* and the *when* of it.(その方法と時期を教えてほしい)
	10	favor 「(パーティの客に配る)贈り物, 記念品」
	13	sewing kit 「裁縫の道具箱」 a first-aid kit(救急箱)
	16	was saved for the last 「最後のものとしてとっておかれた」「あとまわしにされた」
	18	a bright red velvet cape with a hood attached 「フード(ずきん)のついた真赤なビロードのケープ」cape「肩から身体全体をゆったりとおおう外衣」「肩マント」 このwithは「所有」を表し, havingの意。a man *with* a hat on(帽子をかぶった男), a chair *with* one leg broken(脚が一本折れた椅子)
2	3	she was never seen without it 「赤ずきんを着用していない彼女は絶対見られなかった」「彼女を見ると必ず赤ずきんを着用していた」 never ... without 〜「…すれば必ず〜する」の意。*Ex*.He never goes out *without* losing his umbrellas.(彼は外出すれば必ずかさを失くす)
	9	How would you like to 〜 「どの程度〜する気があるか」「〜してみたらどうか」の意で, 相手の意見を求めるのに用いる。*Ex*. How would you like to start tomorrow?(明日出発したらいかがですか)

page	line	
2	14	**broth and dumplings**　「肉スープとおだんご」broth「(肉・魚・野菜などからとる)澄んだスープ」　dumpling「リンゴ入り蒸しだんご」
	16	**they make her strong**　「それらが彼女を丈夫にする」「それらを食べて彼女が丈夫になる」　makeは「使役」の意味で，'make＋目的語＋補語'の形で「…を〜にする」の意。以下，この用例は本テキストでは多い。英語では，非人格的な事物が主語として頻繁に用いられる。訳出に注意。*What* made you so angry?（なんでそんなに怒ったのですか）
3	4	**loiter**＝linger　「道草を食う，ぶらぶらする」
4	5	**Give granma my love.**　「おばあちゃんによろしく言ってちょうだい」「〜によろしく」という言い方にはほかに次のようなものがある。Please remember me to 〜; Give my (best, kind) regards to 〜．後出のGive my best to granma. はこの形の regards を省略したもの。
	5	**granma**　「おばあちゃん」 grandmother，あるいはgrandmaがなまったもの。ほかにgranny（幼児語）など。

(2)

4	11	**was not much travelled on**　「(けものなどが)あまり通らない」travel onの受身形。なお，この travel は「動物が餌(えさ)を食べながら進む」の意である。

page	line	
	15	**there was much to explore** 「探索するものがたくさんあった」explore「冒険する，探検する」。なお，これに似た言い方は英語に多い。There is *much* [a great deal] *to* read [eat, talk of, etc.].（読む[食べる，話す]ものがたくさんある）
4	18	**couldn't do enough for her** 「彼女のためにどれだけつくしても十二分につくすことはできなかった」すなわち「彼女をこのうえなく大事にしてくれた」の意。これを単純に「十分つくすことができなかった」としては間違いである。このように'cannot 〜 enough'は，しばしば強意の意味になる。*Ex.* I *can never* thank you *enough*.（なんともお礼の申しようがありません）
5	1	**with great anticipation and delight** 「大きな期待と喜びをもって」「大いに意気ごみ，喜び勇んで」withは「様態」を表し，名詞をともなって副詞句をつくる。with ease＝easily, with calmness＝calmly
	2	**as she went on her way** 「(自分の)道を行きながら」go on one's way（道を進む）
	4	**ever so blue** 「たいそう青い」の意で，birdies を修飾する。ever so (exceedingly)は通常，形容詞・副詞の前において強意となる。
6	1	**Hi-yah** 「やあ，今日は」How are you?が転訛<small>てんか</small>したもの。
	3	**Okay dokay** （米国俗語）「オーケー」Okey dokeとも言う。

page	line	
	8	that's kind of you 「ご親切さまです」 of は行為の主体を示す。次の例を参照。*It* is good [rude, clever, thoughtful, etc.] *of* you *to* do so.（きみがそうするのは親切だ[無作法だ, 賢明だ, 思慮がある]）
6	9	take your food from you 「あなたから食べ物を奪う」
	11	If it helps make your granma strong 「もしそれがおばあちゃんを元気にするのに役立つなら」 helps make＝helps to make
	13	as if I had eaten it myself 「まるでぼくがそれを自分で食べたようなもの」 as if の中の動詞の形に注意。
	21	give my best to granma＝give my best regards to granma.「おばあちゃんによろしく」p.4, l.5の「注」を参照。
7	2	You've already given your best. 「すでにできるだけの最善をつくしてくれた」 りすのヒッパティが乏しい貯えの中から自分の木の実を譲ってくれたことを指す。
	3	I'll give it again.＝I'll give your best (regards) to granma. すでにできるだけのことをしてくれたあなたが, さらに優しい言葉をかけてくれた, それも忘れずに伝えよう, の意。do one's best（最善をつくす）とgive one's best（よろしく言う）の2つのbestを結びつけた赤ずきんちゃんの巧みな台詞。

(3)

page	line		
7	5	all the more loving 「(心が軽くなった分だけ)それだけいっそう優しく(なって)」 この the は副詞で to that extent (その程度に)の意。*Ex.* If you start now, you will be back *the* sooner. (今発てば，それだけ早く戻れるでしょう)	
7	8	in particular 「とりわけ」通常修飾する語句の後に置く。	
	9	a bushel 「1ブッシェル」，約35リットル。	
	10	a barrel 「1バレル」，約115.6リットル。	
	13	was scrounging around 「捜しまわっていた」	
	15	blue spruce＝Colorado spruce 「アメリカハリモミ」(米国西部産の常緑高木)	
	15	found himself eye-to-eye with 「気がつくと〜とばったり視線が合っていた」	
	18	was feeling quite full of love and friendliness 「優しさと愛想よさを胸一杯に感じていた」	
8	2	with great courtesy 「きわめて丁重に」 この with の用法については p.5, 1.1 の「注」を参照。	
	8	becoming (形)「似合っている」 become＝suit; The new hat *becomes* you well. (新しい帽子がよくお似合いです)	
	17	thoughtful 「思いやりがある，人情深い」	
	20	under three big oak trees near a hedge of red-berry bushes 「レッドベリィのやぶが垣根になっている近くの，3本の大きな樫の樹の下に」 この表現は，赤ずきん	

page	line	
		のおばあさんの家の情景として有名。 red-berry：とげのある常緑灌木で，赤い実がなる（北米産）。
9	1	**how cosy it sounds**＝it sounds very cosy 「それはとても住み心地がよさそうに聞こえますね」 cosy＝comfortable. soundは補語をともない，(〜のように聞こえる[思われる])の意。*Ex.* That language *sounds* like Italian.(あの言葉はイタリア語のように聞こえる)
	5	**how neat**＝how nicely made 「巧妙に作ってあるなあ」 もちろんこれは，おおかみの追従(ついしょう)の言葉であって，彼は内心では「しめた」と思っている。
	17	**never thought to 〜** 「〜することを全然思いつかなかった」 think to 〜＝remember to 〜(忘れずに〜する)
	19	**how thoughtless of you** 「あなたはなんと思いやりがないことか」 おそらくnever thought to 〜と言った言葉を受けてthoughtlessという同根の単語を用いたのである。なお，このofの用法についてはp.6, l.8の「注」を参照。
	20	**one cannot visit a sick person without bringing flowers** 「病人を見舞うときには，必ず花を持参するものです」 'cannot ... without〜'についてはp.2, l.3の「注」参照。
10	4	**The woods** 「森」 the woods は the grove(木立，疎林)より大きく，the forest(大森林)より小さい森をさす。なお，口語では a woods と単数扱いにすることが多い。

page	line	
10	5	**Why don't you gather some?** 直訳すれば「なぜ花を少し摘んでいかないのか」となるが，Why don't you 〜?という言い方は肯定的意味合いが強い。「少し摘んでいった方がよいでしょうね」ぐらいの意味。文中でanyではなくsomeを用いていることに注意。*Why don't you* try?（やってみたらどうです？）なおまた，会話でよく用いられるWhy not?（もちろん，そうです）は明らかに肯定である。*Ex.* Will you go along with us?（同行しますか）——*Why not?*（もちろん，同行します）
	13	**call gathering wild flowers for one's sick grandmother 'loitering'** 全体の文型は'call＋目的語＋補語'で「…を〜と呼ぶ」の意。「病気のおばあさんのために野生の花を摘んでいくことを『道草』と呼ぶなんて…」
	15	**exquisite** （形）＝ of extreme beauty「このうえなく美しい」
	17	**a beauty**「美しい人，美しい光景」など。(普通名詞)
	21	**a small bunch**「(花の)小さな一束」 bunch＝cluster; a bunch of grapes（一房のぶどう）
11	7	**be delayed by at least a half hour**「少なくとも30分は遅れる」 delay（他動詞）「〜を遅らせる」 be delayed「遅れる」 *Ex.* The rain *delayed* the match.（＝The match *was delayed* due to the rain.）（雨で試合が遅れた） byは「度合」を示す前置詞。
	8	**just time enough for me to 〜**「わたしが〜するのにちょうど十分な時間」 enough to 〜「〜するのに十分な」

page	line	
11	10	recipient＝one who receives 「受け取り手」「受領者」

(4)

	line	
	17	farther on 「もっと先のほうに」 farther は far の比較級。onは「進行」を表す副詞。 from then on（それ以後），run on and on（どんどん走る）
	18	the crafty wolf turned on his heels, and sped … 「ずる賢いおおかみはくるりと向きなおり，疾走した」 turn on one's heels「くるりと向きを変える」 spedはspeed（疾走する）の過去形。
	20	came upon＝met by chance 「〜に出くわした」
12	1	just as Red Riding Hood had described it all 「まったく赤ずきんちゃんが説明していたとおり」 describe＝draw「描く，説明する」
	4	smoothed down his ruffled fur 「乱れた毛並をなでつけた」
	5	scheme＝plan in secret 「計略をたてる」
	6	let me see 「(疑い，思案などを示して) はてな，ええと，待てよ」など，慣用的表現。
	6	I've got to get granma out of there 「おばあちゃんをあそこから連れ出さねばならない」 have got to＝have to「〜しなければならない」口語的表現。

page	line	
	8	How to do it without letting the old lady see me? 「あの婆さんにおれの姿を見られないで，どうしたらこれができるかなあ？」 without ～ing「～しないまま」 'let＋目的語＋原形不定詞'「…にすることを許す」「…に～させる」
12	11	I've got it. 「わかった，思いついたぞ」 get it＝understand「理解する」
13	4	It's me 「(それは)わたしです」文法的には It's I. が正しいが，口語では It's me. の形が多く用いられる。
14	4	In a flash 「またたく間に，あっという間に」
	6	walk out the back door 「裏口から歩いて出る」 前置詞 outをout of(～から)の意で用いるのは米国の用法。主として the door, the windowを目的語とする。look *out* the window(窓から外を見る)
	7	His plan was working! 「彼の計画がうまくいきそうだった！」 work＝succeed「成功する」
	10	where could that child have gone? 「あの子は一体どこへ行ったのかしらね？」動詞が仮定法 (could have gone) になっているのは,「どこかに行ってしまうはずはないのだが」というニュアンスをこめるため。

(5)

| | 15 | The wolf was pleased with himself 「おおかみは自分自 |

page	line	
		身に喜んだ」とは「わが意を得たりと喜んだ」の意。
15	2	popped into bed 「ベッドにぴょんと飛びこんだ」
	3	the patchwork quilt 「寄せ布細工の差しこぶとん」
	4	wait for Red Riding Hood to come 「赤ずきんちゃんが来るのを待つ」 wait for ... to 〜 「…が〜するのを待つ」 *Ex*. We *waited for* the bus *to* come.（バスが来るのを待った）
15	5	It wasn't long before ... 「…するまで長くはかからなかった」「それから間もなく…した」
16	1	How nice of you to come! 「よく来てくれたね！」
	2	I'm too weak to get up.＝I am so weak (that) I can't get up. 「身体が弱っていて起きあがれない」
	9	weak as paper 「紙のように弱い」とは「ひどく弱っている」の意。weak as waterという言い方もある。
17	9	the better to hear you with 「（耳が大きいと）それだけよくおまえの話が聞こえる」 theは副詞で「その分だけ」の意。p.7, 1.5の「注」を参照。The more, the better.（多ければ多いほど，それだけよい）

(6)

18	15	Coming up the path that led to the back door of her house was Red Riding Hood's granma＝Red Riding

page	line	
		Hood's granma was coming up the path... の倒置形。次の with her was a woodsmanも同様。
	20	**spun around**　「くるりと向きなおった」spunはspinの過去形。
	20	**without even bothering to ～**　「～さえしないで」bother to ～「わざわざ～する」通例，否定構文として用いる。
19	2	**tore out the front door**　「正面ドアから駆け出していった」 tear＝run hurriedly「疾走する」
19	7	**how overjoyed her grandmother was**　「彼女のおばあさんはどんなに大喜びしたことでしょう」 overjoyed＝filled with extreme joy.
	10	**asked the kind woodsman to help her look for ～**　「その親切な木こりに～を探すのを手伝ってくれと頼んだ」ask *a person* to～「人に～してくれと頼む」，'help＋目的語＋原形不定詞'「…が～するのを手伝う」
	12	**just in time**　「ちょうど間に合って」 They arrived *just in time* for the opening of the ceremony. (彼らは開会式に間に合って到着した)
	17	**learned your lesson**　「1つの経験を積んだ」 lesson「教訓」
	20	**that we came along when we did**　「われわれがやってきたときにやってきたということは」つまり「あのときやってきたことは」 did＝came along

page	line	
	21	it doesn't always happen that way　「いつもあんな具合になるとはかぎらない」　not 〜 always は部分否定。
20	8	A whole basketful of goodies　「かご一杯のおいしいもの」　goody＝something good to eat; a basketful of 〜（1かご分の〜）
21	3	a mighty big appetite　「とても大きな食欲」　mighty＝very
	3	Whatcha got there＝What you got there「そこになにを準備してきたのか」「そこになにを持っているのか」　get＝prepare
21	10	I hope we can have you for lunch!　おばあちゃんは木こりにお昼をいっしょにとってほしい，という気持ちでこう言ったのだが，have には「食べる」という意味もあるため，「あなたをお昼に食べたい」という意味にもなりかねない。それで木こりは慌(あわ)てるのである。前出の best もそうだが，ここには『不思議の国のアリス』や『マザー・グース』の伝統をくむ軽妙な言葉の遊びがうかがわれる。
	11	you sound like the other granma!　「あなたの言葉は先ほどのおばあちゃんの台詞みたいだ」　sound like〜「〜のように聞こえる」　The other granma＝the wolf
	14	if that's what you mean「もしそれがあなたの意図することなら」「それがおっしゃるとおりなら」
	15	it certainly is＝it certainly is what I mean

<イングリッシュトレジャリー・シリーズ⑪>
赤ずきん

2001年9月1日　初版発行Ⓒ　　　　　（定価はカバーに表示）

訳注者　熊野騏一郎
発行人　井村　　敦
発行所　㈱語学春秋社
　　　　東京都千代田区三崎町2-9-10
　　　　　電話 (03)3263-2894　振替 00100-7-122229
　　　　　FAX (03)3234-0668
印刷所　文唱堂印刷

落丁・乱丁本はお取替えいたします。

イングリッシュ宝箱トレジャリー 11
英語の宝箱
ENGLISH TREASURY

赤ずきん
Red Riding Hood

J. & W. グリム

〈別冊全訳〉

GOGAKU SHUNJUSHA

（1）

語り手　　そうです，そもそもそんなことが始まったのは彼女の誕生日の日だったのです。つまり，彼女が初めて「赤ずきんちゃん」と呼ばれたのはね。まず，その辺の事情をお話しましょう。お母さんがこの子のために特別のパーティを計画して，その友だちや叔父さん叔母さん，いとこたちをみんな呼んであげたのです。おばあさんも呼んであったのですが，あいにく気分がすぐれないので来られませんでした。

　　　　　パーティではいろんな遊びがおこなわれ，だれもかれもが記念品をもらいました。やがてパーティもたけなわとなって，誕生日を迎えた少女は自分の贈り物を開けたのでした。新しい人形がありました。人形の洋服がありました。裁縫の道具もありました。それにパラソルもあったし，新趣向のゲームや玩具が山ほどあり，少女が身につける品々までありました。そして最後に，それまであとまわしにされていた1つの大きな箱が残りました。

　　　　　それは，誕生日を迎えたこの少女のおばあさんからのものでした。彼女は，それをきわめて慎重に開けました。するとどうでしょう，中からフードのついた，真赤なビロードの肩マントがでてきたのです。そして，彼女がそれを着ると，みんなが異口同音にこう言ったのでした，「あら，まあ，赤い，外出用のずきんじゃないの！」

　　　　　事実そのとおりでした，それは赤い外出用のずきんだったのです。つまり，馬車に乗ってどこかへ出かけるような特別な折に着る衣裳だったのです。けれども，この少女はこの肩マントがすっかり気に入ったので，四六時中それを着用するようになりました。実際，それを着ていない彼女など考えられもしませんでした。そんなわけで，だれもかれもがこの少女のことを「赤ずきんちゃん」と呼び始めたというわけなのです。ところでそんなある朝，お母さんが彼女を呼びました…。

母	赤ずきんちゃん，赤ずきんちゃん，ねえ，どこにいるの。
赤ずきん	ここよ，お母さん，わたしここにいるわ！
母	ねえ，今日あたりおばあちゃんのところへ行ってきたらどう？
赤ずきん	あら，行きたいわ，お母さん！ わたし，もうずいぶんおばあちゃんに会っていないのよ。
母	いえね，おばあちゃんはまだお加減がよくないんだけど，母さん，おばあちゃんのためにおいしい肉スープとお団子と，焼きたてのパンとジャムを作ってみたんだよ。これを食べてまた元気になってもらいたいからね。それでいいかい，このかごの中にみんな入っているから，これをおばあちゃんのところへ届けてくれるわね？
赤ずきん	もちろんよ，お母さん。喜んで行くわ！
母	それじゃね，森の中ではそのきれいなマントを折れた枝なんかにひっかけないよう気をつけるんだよ。
赤ずきん	わかったわ，お母さん！
母	それに，ぶらぶら道草しても駄目だよ。でないと，スープが冷めるからね。
赤ずきん	大丈夫よ，お母さん！
母	それから，知らない人に話しかけちゃいけないよ。
赤ずきん	大丈夫。
母	それに駆けちゃだめだよ。転んだりしてびんが壊れたら，おばあちゃんがスープを飲めなくなるからね。
赤ずきん	ねえお母さん，わたし道草もしないし，駆けたりもしない

	し，知らない人に話しかけたりもしないわ！ それに，このきれいな赤ずきんを破かないように気をつけるわね。だから，もう行っていいでしょう？
母	ああ，いいよ！ おばあちゃんにはよろしく言っておくれ。でも，日が暮れないうちにきっと帰ってくるんだよ。
赤ずきん	わかったわ，お母さん。じゃあ，行ってきまーす！

（2）

語り手	さて，赤ずきんちゃんのおばあさんは，村からおよそ30分くらい離れた緑の森の中の小さな小屋に住んでいました。その小屋はけもののあまり通らない，小道をはずれた静かな美しい場所に建っていました。

赤ずきんちゃんは，どんなときでもそこへ出かけていくのが大好きだったのですが，それは家がなん本もの大きな樫(かし)の樹の下にあってうっとりするほど美しいのと，その辺一帯が探索して歩くのにはとても面白い場所であるためでした。それに森のひんやりした空気はいつでもさわやかでした。そしてもちろん，赤ずきんちゃんにとっては，自分をこのうえなく大事にしてくれるおばあちゃんに会えるということがいつでも嬉しかったのです。おばあちゃんは，彼女をそれはそれはかわいがってくれましたからね！

まあこういったわけで，赤ずきんちゃんはおいしい食料の入ったかごをたずさえ，大きな期待と喜びに満ちておばあちゃんの家に向かったのでした。彼女はぴょんぴょんとスキップをしたり踊ったりしながら道を進みました。彼女が小鳥たちに向かって歌いかけると，小鳥たちも彼女に歌い返してくれました。 |
| 赤ずきん | かわいい，かわいい小鳥さん，お空の色の小鳥さん，かわいいお声で歌っておくれ，わたしもお歌を返します。 |

語り手	道すがら彼女は森に住んでいるほかの仲間たちにも出会いましたが，みんな彼女に会えたことを喜び，暖かい挨拶をおくってくれました。りすのヒッパティなどは…
ヒッパティ	やあ，赤ずきんちゃん，どうかね！
赤ずきん	元気よ，どうもありがどう，ヒッパティくん！そちらはいかが？
ヒッパティ	結構，結構！ところでこれからどこへ行くんだね？
赤ずきん	おばあちゃんのところよ。おばあちゃんがご病気なの。
ヒッパティ	へえ，そりゃあ，いかんな。ほら…おばあちゃんにこの木の実を持っていっておやりよ！ こんなものでも，たぶん元気づけになるからさ。
赤ずきん	あら，ヒッパティくん，ご親切さま！ でもわたし，あなたの食料を横取りするのはご免よ。今度の冬には，それがきっとあなたに入り用になるわよ。
ヒッパティ	ああ，いいから取っときなよ，赤ずきんちゃん！これを食べてきみのおばあちゃんがいくらかでも元気になるんなら，ぼくが自分で食べたも同然なんだからさ。
赤ずきん	じゃあ，あなた，だれかほかのひとになにか役立つものをあげたら，それは自分のためにもなるとおっしゃるの？
ヒッパティ	そのとおりさ！ ひとにものを施すってことは，自分の気持ちをしゃんとさせてくれるからね。
赤ずきん	あら，そうかもね！ じゃあ，わかったわ，ヒッパティくん，わたしそれをおばあちゃんのところへ持っていくわね。ほん

	とうにどうもありがとう。また帰りにお会いしましょうね。
ヒッパティ	結構,結構！　またあとで会おう。あばあちゃんにはくれぐれもよろしく言っておくれ！
赤ずきん	わかってる,ヒッパティくん！あなたはもう十二分につくしてくれたのよ。でも,いまのお言葉も忘れずにおばあちゃんに伝えるわね。では,さようなら！

（3）

語り手	小鳥たちやりすのヒッパティに出会ったことで赤ずきんちゃんの心は軽快になり,またそれだけいっそう優しくなったものですから,彼女はぴょんぴょんとスキップをしながら,なおも陽気に道をたどっていきました。ところで,この森の別の一角には,いつも腹を空かせている１匹の大きな灰色の,優美なおおかみが住んでいたのです。とりわけこの日は,おおかみは朝からろくすっぽなにも食べておらず,ありついたものといえばブルーベリィ１ブッシェル,くりの実１バレル,きのこ約60本ぐらいのものだったのです——だから彼は,ほとほとおなかを空かせていました！ 　おおかみはなにかもっと食べものがないかと探しながら森の中をうろついていたのですが,そのうちにハリモミの樹をまわったところで赤ずきんちゃんとばったり視線が合ってしまいました。正直いって,一瞬どちらもぎょっとしました。が,赤ずきんちゃんのほうは今日は優しい気持ちであふれていましたし,またとても愛想よくなっていたので,身も知らぬものに話しかけてはいけませんよというお母さんの警告を忘れ,おおかみのほうへ歩み寄り,話しかけました…。
赤ずきん	おおかみさん,おはよう！

語り手	すると，おおかみはたいへん丁重(ていちょう)な口調で答えました…
おおかみ	ああ，赤ずきんちゃん，おはようさん！
赤ずきん	どうしてわたしの名前を知っているの？
おおかみ	どうしてだって？　そりゃあ，お嬢ちゃんの着ているそのきれいな赤ずきんのせいですよ。うん，それはとてもよく似合ってるよ！
赤ずきん	ありがとう！　これ，おばあちゃんがわたしのために作ってくれたものなのよ。
おおかみ	へえ，おばあちゃんって，きっと優しいひとなんだね！
赤ずきん	そりゃあ，そうよ，わたしのおばあちゃんって，世界中でいちばん優しい，いちばん立派なおばあちゃんなんだから。
おおかみ	うん，そうだろうともさ！
赤ずきん	でも，かわいそうなの！　おばあちゃんずっとご病気だったの，それでわたし，これからお見舞いに行くところなの。
おおかみ	へえ，お嬢ちゃんってとても思いやりがあるんだなあ！で，おばあちゃんはどこに住んでいるんだね。
赤ずきん	ここから4分の1マイルほど行ったところなの。レッドベリィのやぶが垣根みたいになっている近くに大きな樫(かし)の樹が3本立っていて，その下にお家が建っているのよ。
おおかみ	へえ，聞けばとても住み心地がよさそうだねえ！家にはどうして入るんだい？
赤ずきん	とっても簡単よ！　ドアの掛け金をはずすだけでいいんだから。

おおかみ	へーえ，よくできているんだねえ！　ところでお嬢ちゃん，そのかごの中にはなにが入っているんだね？
赤ずきん	あったかい肉スープとお団子（だんご）よ。
おおかみ	あったかい肉スープと…（ごくり）お団子，と言ったっけな？
赤ずきん	そうよ，それに焼きたてのパンとジャム。
おおかみ	うーん（ごくり），焼きたてのパンと…（ごくり）ジャム！うーむ！
赤ずきん	それにりすのヒッパティくんからもらった木の実もあってよ。おばあちゃんにこれ全部食べてもらって，またお元気になってもらいたいの！
おおかみ	へえ，そりゃあお嬢ちゃん，どんなにおばあちゃん喜ぶことか！　ところで，おばあちゃんにあげるお花もあるのかい？
赤ずきん	お花？　いいえ，お花を持ってくることなんか思いつかなかったわ！
おおかみ	ああ，それは薄情だよ，お嬢ちゃん！　そう，病人を見舞うのにお花も持たずに行くなんてことは許されないね。
赤ずきん	でも，どこにお花なんかあって？
おおかみ	どこにあるかだって？　へえ，赤ずきんちゃんってずいぶんまわりが見えないんだなあ。ほら，まわりを見てごらんよ。森中お花だらけじゃないか！　いろんな種類の，いろんな色のお花があるぜ！　少し摘んでいったらどうだね？
赤ずきん	あら，それはいい思いつきだわねえ！　でも，それだと…
おおかみ	でもそれだと…なんだって言うんだね，赤ずきんちゃん？

赤ずきん　　わたしはお母さんと約束してきたのよ、道草しませんって。
おおかみ　　へえ、お嬢ちゃんはなんというお馬鹿さんなんだろう！病気のおばあちゃんに森のお花を摘んでってあげることが「道草」だなんて。ほら見てごらんよ、あのすばらしい釣鐘草(つりがねそう)が風に揺れているようすをさ。見えるだろう？
赤ずきん　　どこ？　あら、そうね、見えるわ！　まあ、ほんとうにきれい！
おおかみ　　うん。
赤ずきん　　それに、あのアネモネや朝顔の花を見てちょうだい！わたし、やっぱりおばあちゃんに少し摘んでいくわ。
おおかみ　　もちろんさ！　どんなにおばあちゃんが喜ぶことか！　さあ、駆けていくんだ！　あすこのシラカンバの樹の下にある黄色い雛菊(ひなぎく)を忘れちゃいけないよ。
　　　　　　ほうら、あの子のようすを見ろ、森の奥へどんどん入ってゆくわい！　これであの子は少なくとも30分は遅れるだろうて。うん、それだけの時間があれば、おれのほうがおばあちゃんの家に先まわりして、あの…うむ（ごくり）、あったかい肉スープとお団子(だんご)をせしめることもできるというわけだ！　あの…（ごくり）焼きたてのパンとジャムもだ！　へっへっへ、おれはなんと頭がいいんだろう！　ほんとうさ！　はっはっはっは！

(4)

語り手　　というわけで、赤ずきんちゃんは野の花を摘みながら森の中へ迷いこんでいきましたが、1本摘むたびに、かならずその先のほう

に別のもっときれいな花が見つかるので，彼女は森の奥へ奥へと深く分け入っていきました。一方，悪賢いおおかみの方はくるりと向き直ると，まっしぐらにおばあさんの家に向かいました。
　おおかみは3本の大きな樫の樹とレッドベリィのやぶがあるところまでやってきましたが，それは赤ずきんちゃんが説明していたとおりのもので，そこには彼女のおばあさんが住んでいる小さな美しい家が建っていました。灰色の優美なおおかみは，乱れた毛並を整え，樫の樹の背後に身を隠し，計画をねり始めました。

おおかみ　　さあ，ちょっと考えてみよう！　とにかく赤ずきんちゃんがやってこないうちに，あの家からおばあちゃんを連れだし，それからおれが彼女になりすまさなければならんのだ！　あの婆さんにおれの姿を見られないで，これをうまく運ぶにはどうしたらいいだろう。うーむ，ここが思案のしどころだわい。
　　　　　　ああ，そうだ，いいことを思いついだぞ！　このおれが赤ずきんちゃんのふりをしてドアをノックすればいいんだ。でもそれじゃあ，あの婆さんが出てきておれを見破るだろうな！うむ，しかし，もしおれが裏口のドアをノックすれば婆さんはそっちへまわるだろうし，そうなったらおれは一目散に玄関のドアへまわって，掛け金をはずして，中へ入ればいいんだ！へっへっへ！　そして婆さんがおれを探しているうちに，おれの方はベッドに飛びこみ，そのままご馳走のご到来を待つという寸法さ！　ああ，おれはなんと悪知恵にたけているんだろう，ほんとうに！　はっはっは！

語り手	そこでおおかみは，家の裏口へまわってドアをノックしました。
祖母	どなたさまですか。
おおかみ	おばあちゃん，わたし！ 赤ずきんよ。
祖母	おやまあ，おまえかい，お入りよ！さあお入り，お入り！
おおかみ	おばあちゃん，わたしドアが開けられないのよ！
祖母	おや，どうしてだい？
おおかみ	両腕にお花や，あったかい肉スープや，うむ(ごくり)…お団子や，焼きたてのパンとかジャムや，おいしい木の実をいっぱい持っているんだもの…ねえ，おばあちゃん，かわりにドアを開けてちょうだい！
祖母	はいはい，わかりましたよ！ いまそちらに行って開けますよ。
語り手	電光石火，おおかみは玄関のドアのほうへさっと迂回(うかい)し，掛け金をはずし，中へ駆けこみました。彼の目に，赤ずきんちゃんのおばあちゃんが，孫娘の姿を求めて裏口から出ていくのが見えました。計略が成功しそうなのです！ おばあちゃんの呼んでいる声が聞こえてきます…
祖母	赤ずきんちゃん，赤ずきんちゃん，ねえ，どこなんだい？ さあて，あの子はいったいどこへ行っちまったんだろうねえ。
語り手	それからおばあちゃんは，赤ずきんちゃんの姿を探し求めて家の裏手の森に入っていきました。

祖母	赤ずきんちゃーん！

（５）

語り手	おおかみはわが意を得たりとばかり，すっかり嬉しくなりました。ほうとうに有頂天のありさまでした！　おおかみは周囲を見まわし，おばあちゃんの衣類でなにか着られるものがないかと探し始め，ナイトガウンとナイトキャップと眼鏡を見つけると，それらを全部身につけました。それから彼は部屋のカーテンを残らず引いて室内を暗くし，ベッドに勢いよく飛びこみ，寄せ布細工の掛け布団をあごまで引っ張りあげて赤ずきんちゃんの到来を待ちうけました。 　赤ずきんちゃんがぴょんぴょんスキップをしながら道をたどっておばあちゃんの家にやってきたのは，それから間もなくのことでした。彼女は両腕に摘んできたお花や，食料の入ったかごをどっさり抱えていましたが，それでも片方の手を抜いてドアをノックしました。
おおかみ	だれだい？
赤ずきん	おばあちゃん，赤ずきんよ！
おおかみ	ああ，おまえかい！　ほんとうによく来てくれたねえ！おばあちゃんは弱ってて起きあがれないから，おまえ，掛け金をはずして勝手に入っておくれ！
赤ずきん	おばあちゃん，おはよう！
おおかみ	ああ，おはようさん！
赤ずきん	どうしてここをこんなに暗くしているの？
おおかみ	明るいと目によくないんだよ。
赤ずきん	気分はどうですか。

おおかみ	力が出なくてねえ，おまえ，ほんとうに力が出ないんだよ！なにか食べものが欲しいよ，なにがなんでも欲しいよ，おまえ。そのかごの中にはなにが入っているんだね。
赤ずきん	そんなことより，わたしはおばあちゃんのために森からこのきれいなお花を摘んできてあげたのよ。
おおかみ	きれいだよ，ほんとうにきれいだねえ！　でも，お花なんか食べられやしない！　かごにはなにがあるんだね。
赤ずきん	でも，おばあちゃん，このお花をまず生けさせてよ，そしたら…。
おおかみ	ねえ，赤ずきんや，お花のことなんかどうでもいいよ。かごにはなにがあるんだい？
赤ずきん	食べるものよ，おばあちゃん！　さあ，見せてあげようか。ママが肉スープとお団子を作ったのよ。
おおかみ	肉スープとお団子かい！
赤ずきん	焼きたてのパンとジャムも…。
おおかみ	焼きたてのパンとジャム！
赤ずきん	おばあちゃんの声，ずいぶんどら声だわねえ！
おおかみ	どら声？　そりゃあおまえ，おまえも知ってるとおり，おばあちゃんが悪い風邪にかかっているからさ。
赤ずきん	それに，なんという大きなお耳をしているんでしょう！
おおかみ	そりゃあおまえ，このほうがおまえの声がよく聞こえるからだよ。
赤ずきん	あら，おばあちゃん，おばあちゃんのお目め，ずいぶん大きいわね！

おおかみ	だって，このほうがおまえをよく見られるだろう！
赤ずきん	でも，おばあちゃん，ずいぶん大きい歯をしているわ！
おおかみ	このほうが，その肉スープやお団子やパンやジャムを食べるのに都合がいいからだよ。それに木の実を割るのにも便利だしね！　さあ，さあ，おまえ，それをこっちへお寄こし！
赤ずきん	あら，あなた，おばあちゃんなんかじゃないわ！　わたしが今朝会ったおおかみよ！　わたしをだましたのね！
おおかみ	さあ，そのかごをこっちへ寄こせと言うんだ，さもないとおまえを食ってしまうぞ！
赤ずきん	だめよ，だめよ，これはあげられないわ！　これはおばあちゃんのものなんだから！　おばあちゃんはどこなの。おばあちゃーん！　ねえ，おばあちゃん，どこにいるの？
祖母	赤ずきんちゃん，おばあちゃんはここだよ，いま行くからね！　すぐ行くからね！

（6）

語り手	そう，たしかに間違いありませんでした！　家の裏口に続く道をやってくるのは赤ずきんちゃんのおばあちゃんでした。なおそのうえ，1人の木こりが同行していました。おおかみは窓辺に駆け寄り，眼鏡をはずして外を見ました。そして，木こりが斧(おの)をたずさえているのを見てとると，おおかみはくるっと向きを変え，おばあちゃんのナイトガウンやナイトキャップを脱ぎさえしないで，こう叫びながら玄関口から疾走していきました…。
おおかみ	朝食はよそでとるからね！　さよなら，お嬢ちゃん，さようなら！

語り手	おばあちゃんが裏口から入ってくると，赤ずきんちゃんはその腕の中に飛びこみました。まあ，おばあちゃんに会えて彼女はどんなにか嬉しかったことでしょう！　そして，おばあちゃんのほうも，彼女を抱き締めて有頂天のありさまでした。 　かわいそうにこのおばあさんは，それまで居たたまれないほどひどく心配していたのです！　彼女は親切な木こりに頼んでいっしょに孫娘を探してもらっていたのですが，どうしても見当たらないで，2人で家に帰ってきたところだったのです。それもちょうどうまいぐあいに。赤ずきんちゃんは2人にこれまでのことをすっかり話し，それからこう言いました…。
赤ずきん	ママが知らないひとに話しかけないように注意してくれたんだけど，わたし忘れちゃったのよ，おばあちゃん！
祖母	じゃあ，おまえ，今度のことで1つお利口さんになったんだろうね？
木こり	お嬢ちゃん，そりゃあ，ほんとうだね！　わたしたちがあんなぐあいに来られたのはとても好運だったんだよ。でも，いつもいつもそういうぐあいにはいかないんだ。あの灰色のおおかみはずるいやつでね，おなかを空かせていると，ほとんど見境なくなんでも食べちゃうんだ。でも，あいつはもう二度とこの辺には現れることもなかろう。赤ずきんのお嬢ちゃんも，きっとこれからは知らないひとに話しかけることはしないことだね，そうだろう？
赤ずきん	ええ，絶対しないわ，わたし約束するわ！　ねえ，おばあちゃん，このおみやげを見てちょうだい。食べると元気がつくおいしいものがかご一杯詰まっているのよ！　でも，おばあ

|祖母| ちゃんはどうしたってわたしには病人に見えないわねえ。

そうさ,おまえ! わたしゃ,もうすっかりいいんだよ。でも,おなかだけはぺこぺこだねえ! そのかごにはどんなものがあるんだね。

|赤ずきん| あったかい肉スープとお団子よ。それにママが今朝作った焼きたてのパンとジャム。それにりすのヒッパティくんからもらった木の実もあるわ。

|祖母| そうかい,そうかい! おや,スープが冷めちまってる,少し温めようね。あのう,木こりさん,あなたもお昼に欲しいんですけどねえ!

|木こり| ありゃ,ありゃ,ありゃ――逃げていったもう1人のおばあちゃんみたいな口を利きなさる! このあっしをお昼に欲しがられちゃあ,かないませんなあ! でもお言葉どおりのことなら,ひとつわしも喜んでお仲間入りをさせてもらいましょうか!

|祖母| ええ,それに相違ありませんよ! ほんとうに相違ありませんから! ほっほっほ! ごいっしょにお昼をどうぞ!

|木こり| はっはっは!

|祖母| さあ,赤ずきんちゃん,食卓の用意をしてね! お世話になった木こりさんにお昼をごいっしょしてもらいましょうね。

　　　　　　　　おわり